BEI GRIN MACHT SICH IHR WISSEN BEZAHLT

- Wir veröffentlichen Ihre Hausarbeit,
  Bachelor- und Masterarbeit

- Ihr eigenes eBook und Buch -
  weltweit in allen wichtigen Shops

- Verdienen Sie an jedem Verkauf

Jetzt bei www.GRIN.com hochladen und kostenlos publizieren

Konzeption eines Trainingsplans. Ausdauertraining zur Körperfettreduktion

Joel Arndt

Bibliografische Information der Deutschen Nationalbibliothek:

Die Deutsche Nationalbibliothek verzeichnet diese Publikation in der Deutschen Nationalbibliografie; detaillierte bibliografische Daten sind im Internet über http://dnb.d-nb.de abrufbar.

ISBN: 9783346422491
Dieses Buch ist auch als E-Book erhältlich.

© GRIN Publishing GmbH
Nymphenburger Straße 86
80636 München

Alle Rechte vorbehalten

Druck und Bindung: Books on Demand GmbH, Norderstedt Germany
Gedruckt auf säurefreiem Papier aus verantwortungsvollen Quellen

Das vorliegende Werk wurde sorgfältig erarbeitet. Dennoch übernehmen Autoren und Verlag für die Richtigkeit von Angaben, Hinweisen, Links und Ratschlägen sowie eventuelle Druckfehler keine Haftung.

Das Buch bei GRIN: https://www.grin.com/document/1024025

Deutsche Hochschule für Prävention und Gesundheitsmanagement

Hermann Neuberger Sportschule 3

66123 Saarbrücken

Einsendeaufgabe

Fachmodul: Trainingslehre 2

Studiengang: Fitnessökonomie

Datum
Präsenzphase: 08.06.2020 –10.06.2020

Name, Vorname: Arndt, Joel

Studienort: **Köln**

Semester: **SS19**

Inhaltsverzeichnis

1 Diagnose

1.1 Allgemeine und biometrische Daten

In der folgenden Tabelle werden die allgemeinen und biometrischen Daten des Kunden dargestellt.

Tabelle 1: Allgemeine und biometrische Daten

Alter	27
Geschlecht	männlich
Körpergröße	174 cm
Körpergewicht	79 kg
Trainingsmotiv	- Verbesserung der Grundlagenausdauer - Körperfettreduktion
Berufliche Tätigkeit	Student

Sportliche Aktivität	Früher:
	    - 2x pro Woche Krafttraining
	    - 3x Fußballtraining
	    - 1x pro Woche Fußballspiel (Wettkampf)
	
	Aktuell:
	    - 2x Krafttraining
	    - 1x pro Woche Mountainbike fahren

Blutdruck	119/80 mmHg (optimal) (siehe Tabelle 2)
Ruhepuls	65 S/min (normal) Normwert: 60-80 S/min
Körperfettanteil	19 %

Subjektive Beschwerden	Gelegentlich Rückenschmerzen
Zeitlicher Verfügungsrahmen	2-3x pro Woche insgesamt 6 Stunden

Tabelle 2: Blutdruckklassifikation der American Heart Association (modifiziert nach Mancia et al., 2013, S.1286)

Bewertungsstufen	systolischer Blutdruck	diastolischer Blutdruck
Normalblutdruck (Normotonie)		
optimal	unter 120 mmHg	unter 80 mmHg
normal	unter 130 mmHg	unter 85 mmHg
hochnormal	130-139 mmHg	85-89 mmHg
Bluthochdruck (arterielle Hypertonie)		
Stufe 1	140-159 mmHg	90-99 mmHg
Stufe 2	160-179 mmHg	100-109 mmHg
Stufe 3	> 180 mmHg	>110 mmHg

Angesicht der Daten kann der Kunde als gesund eingestuft werden. Es treten jedoch gelegentlich leichte Rückenschmerzen beim Kunden auf, welche wahrscheinlich aus seiner hauptsächlich sitzenden Tätigkeit als Student resultieren.

1.2 Leistungsdiagnostik/Ausdauertestung

Um den Kunden einstufen zu können, wird der IPN-Test angewendet. Als Erstes erfolgt eine Voreinstufung. Diese Voreinstufung beinhaltet das Ermitteln des Trainingszustandes, des Alters, des Ruhepulses und des Geschlechtes. Anschließend werden spezielle Abbruchkriterien und eine passende Herzfrequenzobergrenze festgelegt. Die Herzfrequenzobergrenze wird mit Hilfe des Schemas der Voreinstufung nach Ruhefrequenz und Lebensalter nach Trunz und unter Berücksichtigung der Trainingshäufigkeit festgelegt. Der Kunde ist 27 Jahre alt. Sein Ruhepuls liegt bei 65 S/min und er betreibt bis zu einmal pro Woche Ausdauersport. Für unseren Kunden wählen wir demzufolge eine Herzfrequenzobergrenze von 145 S/min. Im nächsten Schritt wird der für den Kunden passende Ergometertest ausgesucht. Hierfür wird der Hollmann-Venrath-Test auf dem Fahrradergometer gewählt. Da dieser Test sich vor allem für jüngere und trainierte Menschen anbietet, eignet er sich sehr gut für unseren Kunden.

Tab.3: Testprotokoll inklusive aller testrelevanter Parameter

Testform: H & V - Test	Stufendauer: 3 Minuten	Testgerät: Fahrradergometertest	Pulsobergrenze: 145 S/min	Ruhepuls: 65s/min	
Eingangsbelastung: 30 Watt	Belastungssteigerung: 40 Watt	Trittfrequenz: 60-80 U/min	Gewicht: 79 kg	Blutdruck: 119/80mmHg	
Eingangstest		Datum: 18.06.2020			
Zeit		Watt	HF1	HF2	HF3
3 Minuten		30	80	84	89
6 Minuten		70	95	98	104
9 Minuten		110	109	113	120
12 Minuten		150	124	129	134
15 Minuten		190	137	141	145
Watt gesamt		550			
Watt/ Kg		190/79 = 2,40			
Bewertung nach Normtabelle		0,62 > durchschnittlich			

Alter / Intensität	< 30	30-34	35-39	40-44	45-49	50-54	55-59	> 60	Bewertung
0,50	1,45	1,38	1,31	1,23	1,16	1,09	1,02	0,94	☹☹
0,51	1,50	1,43	1,35	1,28	1,20	1,13	1,05	0,98	☹☹
0,52	1,55	1,47	1,40	1,32	1,24	1,16	1,09	1,01	☹☹
0,53	1,60	1,52	1,44	1,36	1,28	1,20	1,12	1,04	☹☹
0,54	1,65	1,57	1,49	1,40	1,32	1,24	1,16	1,07	☹☹
0,55	1,70	1,62	1,53	1,45	1,36	1,28	1,19	1,11	☹
0,56	1,75	1,66	1,58	1,49	1,40	1,31	1,23	1,14	☹
0,57	1,80	1,71	1,62	1,53	1,44	1,35	1,26	1,17	☹
0,58	1,85	1,76	1,67	1,57	1,48	1,39	1,30	1,20	☹
0,59	1,90	1,81	1,71	1,62	1,52	1,43	1,33	1,24	☹
0,6	2,00	1,90	1,80	1,70	1,60	1,50	1,40	1,30	Ø
0,61	2,20	2,09	1,98	1,87	1,76	1,65	1,54	1,43	Ø
0,62	2,40	2,28	2,16	2,04	1,92	1,80	1,68	1,56	Ø
0,63	2,60	2,47	2,34	2,21	2,08	1,95	1,82	1,69	☺
0,64	2,80	2,66	2,52	2,38	2,24	2,10	1,96	1,82	☺
0,65	3,00	2,85	2,70	2,55	2,40	2,25	2,10	1,95	☺
0,66	3,20	3,04	2,88	2,72	2,56	2,40	2,24	2,08	☺☺
0,67	3,40	3,23	3,06	2,89	2,72	2,55	2,38	2,21	☺☺
0,68	3,60	3,42	3,24	3,06	2,88	2,70	2,52	2,34	☺☺
0,69	3,80	3,61	3,42	3,23	3,04	2,85	2,66	2,47	☺☺
0,70	4,00	3,80	3,60	3,40	3,20	3,00	2,80	2,60	☺☺

Abb.1: Normtabelle für submaximale Radergometertests- Relative Watt-Soll-Leistung (Watt pro Kg) bei Männern (Institut für Prävention und Nachsorge (IPN), 2004)

Ø = Normwerte für eine untrainierte Person nach der Zweidrittel-Leistung

Intensität = Intensitätsfaktor zur Berechnung der empfohlenen Trainingsherzfrequenz

Nach der Testung wird das erzielte Ergebnis mit der Normtabelle für submaximale Radergometertests verglichen. Dazu betrachtet man den geleisteten Watt pro Kilogramm Wert. Dieser beträgt 2,40 und ist in der Tabelle aufgrund seines Alters bei 0,62 einzuordnen. Das bedeutet, dass der Kunde im interindividuellen Leistungsvergleich zu Personen der gleichen Leistungsstufe und desselben Geschlechts als durchschnittlich angesehen werden kann.

1.3 Gesundheits-und Leistungsstatus der Person

Um sich ein allgemeines und umfassendes Bild vom Gesundheits-und Leistungszustand des Kunden zu machen und ihn so auf seine Belastbarkeit bzw. Trainierbarkeit bewerten zu können, werden verschiedene Parameter betrachtet. Zum einen spielen das Geschlecht, das Alter und das aktuelle Sportpensum eine wesentliche Rolle. Zum anderen kommen noch der Ruhepuls, Blutdruck und Körperfettanteil hinzu. Weitere Parameter, welche man nicht unbeachtet lassen sollte, sind Vorerkrankungen und die damit verbundene Einnahme von Medikamenten und letztendlich das Ergebnis der Ausdauertestung.

Unser Kunde ist 27 Jahre alt und hat früher bis zu sechs Mal die Woche Sport betrieben. Aktuell betreibt der Kunde drei Sporteinheiten in der Woche, von denen eine Einheit ein Ausdauertraining ist.

Der Ruhepuls des Probanden beträgt 65 S/min und ist somit aufgrund der durchschnittlichen Vorgabe von 60-80 S/min bei Männern als gut einzustufen. Ein niedriger Ruhepuls ist jedoch kein direkter Indikator für einen körperlich guten Ausdauerleistungszustand, da viele Faktoren wie das Alter, die Einnahme von Medikamenten, das Geschlecht und Stress diesen Wert beeinflussen. Nichtsdestotrotz gibt der Puls an wie schlecht oder gut die Gesundheit ist. Der Kunde ist also mit einem durchschnittlichen Ruhepuls als normal sportlich einzustufen. Der Blutdruck des Kunden liegt bei 119/80 mmHg und ist somit optimal. Für die Auswahl der Trainingsmethodik und die der Trainingsgeräte spielt sowohl die Zielsetzung als auch der Leistungs- und Gesundheitszustand des Kunden eine große Rolle. Diesbezüglich macht es Sinn sich Vorerkrankungen anzuschauen und zu bewerten inwiefern diese bei der Trainingsplanung berücksichtigt werden müssen. Da unser Kunde noch relativ jung ist und kaum Vorerkrankungen hat, außer gelegentliche Rückenschmerzen, spielen Vorerkrankungen für uns eine untergeordnete Rolle in der Trainingsplanerstellung. Ein wesentlicher Punkt in Bezug auf die Zielsetzung und der Bewertung des Gesundheitszustands ist der Körperfettanteil, welcher bei unserem Kunden bei 19 % liegt. Der Körperfettanteil ist nach der Einstufung in die Normwerttabelle als normal einzustufen und die Ausdauertestung lag nach der Normtabelle für submaximale Radergometertests im mittleren Durchschnittsbereich. Nach Betrachtung der erhobenen Daten ist der Gesundheits- und Leistungsstatus des Kunden als durchschnittlich bis gut einzustufen. Ein ärztliches Gutachten vor Beginn des Ausdauertrainings ist bei unserem Kunden nicht notwendig.

2   Teilaufgabe 2 – Zielsetzung/ Prognose

Tab.4: Zieldarstellungen

	Inhalt	Ausmaß	Zeit	Ist-Wert
Erstes Ziel	Körperfettreduktion	Körperfettanteil um 2 % reduzieren	Sechs Wochen	19 %
Zweites Ziel	Verbesserung der Ausdauerleistungs- fähigkeit	Verbesserung von 0,62 auf 0,65 nach der Normtabelle für submaximale Rader- gometertests	Sechs Wochen	0,62
Drittes Ziel	Absenkung der Ru- heherzfrequenz	Die Ruheherzfre- quenz mindestens um 2 S/min auf 63 senken.	Sechs Wochen	65s/min

Erste Zieldarstellung

Als erstes Ziel wird die Senkung des Körperfettanteil um 2 % innerhalb von sechs Wochen definiert. Der momentane Köperfettanteil ist nach dem standardisierten Schema, als
normal einzustufen. Der Kunde strebt jedoch eine athletische Körperform als langfristiges
Ziel an. Um den Körperfettanteil nachhaltig zu senken, wird zusätzlich zum Ausdauertraining eine Ernährungsumstellung empfohlen.

	Alter	niedrig	normal	hoch	sehr hoch
Frauen	20-39	< 21,0	21,0 - 32,9	33,0 - 38,9	>= 39,0
	40-59	< 23,0	23,0 - 33,9	34,0 - 39,9	>= 40,0
	60-79	< 24,0	24,0 - 35,9	36,0 - 41,9	>= 42,0
Männer	20-39	< 8,0	8,0 - 19,9	20,0 - 24,9	>= 25,0
	40-59	< 11,0	11,0 - 21,9	22,0 - 27,9	>= 28,0
	60-79	< 13,0	13,0 - 24,9	25,0 - 29,9	>= 30,0

Abb.2: Richtlinien Körperfett (Müller-Gesser, 2017)

Zweite Zieldarstellung

Der Klient möchte seine Ausdauerleistungsfähigkeit verbessern und um dieses Ziel mess-
bar zu machen liegt der Fokus auf der Normtabelle für submaximale Radergometertests.
Die Motive des Kunden sind hier eine generelle Verbesserung der Leistungsfähigkeit und
der damit verbundene Fettabbau. Als realistisches Ziel wird eine Verbesserung von 0,62

auf 0,65 innerhalb von sechs Wochen nach der Normtabelle angestrebt. Eine Testung, um das Ziel zu überprüfen findet nach sechs Wochen statt.

Dritte Zieldarstellung

Ein weiteres Ziel ist die Absenkung der Ruheherzfrequenz, um zwei Schläge auf 63 S/min. Die Verbesserung der Ruheherzfrequenz hat auch eine Verbesserung des Herz-Kreislauf-Systems zur Folge. Das Herz arbeitet ökonomischer. Das Herzminutenvolumen steigt, indem sich das Schlagvolumen erhöht und die Schlagfrequenz sinkt. Letztendlich stehen alle drei Ziele miteinander in Relation, da der Ruhepuls ein guter Indikator zur Beurteilung der Ausdauerleistungsfähigkeit ist.

3 Teilaufgabe 3 – Trainingsplanung Mesozyklus

3.1 Grobplanung Mesozyklus

Im Folgenden ist der erste Mesozyklus der Makroplanung abgebildet. Dieser Mesozyklus dient als Einführung in die Ausdauertrainingsplanung und baut auf dem bisherigen Leistungstand des Kunden auf. Der erste sechs-wöchige Mesozyklus zielt darauf ab eine Grundlagenausdauer aufzubauen, bevor im nächsten Mesozyklus diese Grundlagenausdauer gefestigt wird.

Tab.5: Grobplanung Mesozyklus

Dauer des Mesozyklus	6 Wochen
Trainingszielsetzung	• Trainingsroutine schaffen • Hinführung zu langen Dauerläufen • Erhöhung der Trainingshäufigkeit • Erhöhung der Trainingsdauer • Hinführung zum Gesundheits-Optimalpogramm • Spaß am Ausdauertraining
Wöchentlicher Gesamttrainingsumfang (in Stunden)	1 - 3 Stunden
Vorgesehene Trainingsmethoden	• extensive Dauermethode

9

Vorgesehene Belastungsintensität	• 60-75 % Hf$_{max}$ (extensiv) • 80-85 % Hf$_{max}$ (intensiv) Extensiv, 60% Hf$_{max}$ = 116 S/min, 75% = 145s/m Intensiv, 80 % Hf$_{max}$ = 154 s/m, 85 % = 164 s/m
Trainingshäufigkeit pro Woche	2 - 3 Trainingseinheiten
Trainingsdauer pro Trainingseinheit	30 - 50 Minuten
Vorgesehene Ausdauertrainingsgeräte	Laufband, Fahrrad

3.2   Detailplanung Mesozyklus

Tab.6: Detailplanung Mesozyklus

	Woche 1		Woche 2		Woche 3	
Trainings-tag	Montag	Donnerstag	Montag	Donnerstag	Montag	Donnerstag
Trainings-ziele	-Aufbau der Grundlagenaus-dauer -Spaß am Ausdauertraining	-Aufbau der Grundla-genausdauer -Spaß am Ausdauer-training	-Aufbau der Grundlagenaus-dauer - Hinführung zu langen Dau-erläufen	-Aufbau der Grundlagen-ausdauer - Hinführung zu langen Dauerläufen	- Aufbau der Grundlagen-ausdauer - Hinführung zu langen Dauerläufen	-Aufbau der Grundlagen-ausdauer - Hinführung zu langen Dauerläufen
Trainings-me-thode	Extensive Dauer-methode	Extensive Dauerme-thode	Extensive Dauermethode	Extensive Dauerme-thode	Extensive Dauerme-thode	Extensive Dauerme-thode
Trainingsin-tensität (Hf$_{max}$)	60-65% Hfmax	60-65% Hfmax	60-65% Hfmax	60-65% Hfmax	60-65% Hfmax	60-65% Hfmax
Trainings-herzfre-quenz	60% Hfmax = 116 s/min 65% Hfmax = 125 s/min	60% Hfmax = 116 s/min 65% Hfmax = 125 s/min	60% Hfmax = 116 s/min 65% Hfmax = 125 s/min	60% Hfmax = 116 s/min 65% Hfmax = 125 s/min	60% Hfmax = 116 s/min 65% Hfmax = 125 s/min	60% Hfmax = 116 s/min 65% Hfmax = 125 s/min
Trainings-dauer	30 Minuten	30 Minuten	35 Minuten	35 Minuten	40 Minuten	40 Minuten
Trainings-gerät	Laufband	Laufband	Laufband	Laufband	Laufband	Laufband

	Woche 4			Woche 5			Woche 6		
Trainings-tag	Mo.	Mi.	Fr.	Mo.	Mi.	Fr.	Mo	Mi.	Fr.
Trainings-ziel	-Aufbau der Grundla-genaus-dauer	-Aufbau der Grundlagen-ausdauer	-Aufbau der Grundlagen-ausdauer	-Aufbau der Grundlagen-ausdauer -Hinführung zum Ge-sundheits-Optimal-pogramm	-Aufbau der Grundlagen-ausdauer -Hinführung zum Ge-sundheits-Optimal-pogramm	-Aufbau der Grundlagen-ausdauer -Hinführung zum Ge-sundheits-Optimal-pogramm	-Aufbau der Grundlagen-ausdauer -Hinführung zum Ge-sundheits-Optimal-pogramm	-Aufbau der Grundlagen-ausdauer - Hinführung zum Ge-sundheits-Optimal-pogramm	-Aufbau der Grundla-genaus-dauer - Hinfüh-rung zum Ge-sund-heits-Optimal-pogram m

Trainings-methode	Extensive Dauerme-thode	Extensive Dauerme-thode	Extensive Dauerme-thode	Extensive Dauerme-thode	Extensive Dauerme-thode	Extensive Dauerme-thode	Extensive Dauerme-thode	Extensive Dauerme-thode	Exten-sive Dauer-methode
Trainingsin-tensität (in Hfmax)	60-65% Hfmax	60-65% Hfmax	60-65% Hfmax	60-65% Hfmax	60-65% Hfmax	60-65% Hfmax	60-65% Hfmax	60-65% Hfmax	60-65% Hfmax
Trainings-herzfrequenz	60% Hfmax = 116 s/min 65% Hfmax = 125 s/min	60% Hfmax = 116 s/min 65% Hfmax = 125 s/min	60% Hfmax = 116 s/min 65% Hfmax = 125 s/min	60% Hfmax = 116 s/min 65% Hfmax = 125 s/min	60% Hfmax = 116 s/min 65% Hfmax = 125 s/min	60% Hfmax = 116 s/min 65% Hfmax = 125 s/min	60% Hfmax = 116 s/min 65% Hfmax = 125 s/min	60% Hfmax = 116 s/min 65% Hfmax = 125 s/min	60% Hfmax = 116 s/min 65% Hfmax = 125 s/min
Trainings-dauer	40 Minuten	45 Minuten	40 Minuten	45 Minuten	45 Minuten	45 Minuten	45 Minuten	50 Minuten	45 Minu-ten
Trainings-gerät	Laufband	Fahrrader-gometer	Laufband	Laufband	Fahrrader-gometer	Laufband	Laufband	Fahrrader-gometer	Lauf-band

3.3 Begründung zum Mesozyklus

Die ersten beiden Wochen des Mesozyklus bestehen jeweils aus zwei Ausdauertrainings-einheiten, zwischen denen immer zwei freie Tage liegen um genügend Regenerationszeit zu gewährleisten. In den ersten beiden Wochen liegt der Fokus darauf eine Trainingsrou-tine zu schaffen und die Grundlagenausdauer des Kunden zu verbessern. In den weiteren Wochen liegt der Fokus verstärkt darauf die Grundlagenausdauer aufzubauen und den Kunden zum Gesundheits-Optimal-Prinzip zu führen. Vom Leistungsniveau her wären in den ersten beiden Wochen auch mehr Einheiten denkbar, jedoch ist es von großer Bedeu-tung, dass der Kunde erst den Spaß am Ausdauertraining findet und eine Trainingsroutine entsteht, bevor die wöchentliche Trainingshäufigkeit gesteigert wird. Da der Kunde schon Trainingserfahrung mitbringt und der Leistungszustand im Allgemeinen als durchschnitt-lich bis gut bewertet werden kann, wird in der ersten Woche als Trainingsgerät das Lauf-band gewählt. Beim Laufband besteht der Vorteil, dass der Körper ganzheitlich belastet wird und der Kalorienverbrauch vergleichsweise hoch ist. In der ersten Woche liegt das Trainingspensum noch bei 60 Minuten, welches sich im Verlauf des Mesozyklus auf 135 Minuten pro Woche erhöht. Allgemein sind zwei Trainingsprinzipien für die Erstellung dieses Mesozyklus von großer Bedeutung. Zum einen das Prinzip der Dauerhaftigkeit und Kontinuität-Regelmäßiges und mehrmaliges Training in der Woche, zum anderen das Prinzip der progressiven Belastungssteigerung-Häufigkeit vor Umfang vor Intensität (Martin, 1993). Dem Prinzip der Dauerhaftigkeit und Kontinuität (Martin, 1993) wird vor allem bei der Betrachtung des kompletten Makrozyklus entsprochen. Im Bezug auf den ersten Mesozyklus steigert sich der Kunde von anfänglich zwei Ausdauertrainingseinheiten auf drei Einheiten. Das Prinzip der progressiven Belastungssteigerung wird von Woche zu Woche eingesetzt, indem sich die Trainingshäufigkeit und die Trainingsdauer im Plan wöchentlich erhöhen. Die Belastungsintensität von 60-65% Hfmax bleibt jedoch die gleiche. Im sechs-wöchigen Mesozyklus wird als einzige Trainingsmethodik die extensive Dauermethode verwendet. Motive hierfür sind die geringe Belastungsintensität, die den Kunden zum Ausdauertraining heranführen, ohne ihn jedoch zu überlasten. Ein weiterer Punkt ist die Ökonomisierung der Herz-Kreislauf-Arbeit, die zum Beispiel einen niedrigeren Puls zur Folge hat (Eisenhut, 2013) und die Verbesserung des Kohlenhydrat- und Fettstoffwechsels zur Energiebereitstellung (Neumann, 2007). Die Belastungsdauer erhöht sich in der Regel wöchentlich um fünf Minuten, jedoch kann Sie je nach Trainingseinheit variieren um einer Überlastung entgegenzuwirken. Des Weiteren ist der Mesozyklus nach dem Prinzip des trainingswirksamen Reizes erstellt worden. Das bedeutet, dass mit einer festgelegten Intensität von 60-65% Hfmax als Mindestreizschwelle zur Auslösung von Anpassungserscheinungen für untrainierte bis wenig trainierte Personen gearbeitet wird (Hottenrot, 2006). Die Trainingsziele wurden so ausgewählt, dass sie für den Kunden erreichbar sind und ihn nicht überfordern, gleichzeitig jedoch eine Verbesserung des Körperlichen Zustands fördern. Die Trainingseinheiten wurden so aufgebaut, dass eine klare Progression erkennbar ist.

Als Trainingsgerät werden im Mesozyklus das Fahrrad und das Laufband genutzt. Der Kunde hat kaum Beschwerden und sitzt im Alltag viel. Demzufolge mach es Sinn das Laufband als Trainingsgerät zu verwenden um den sitzenden Tätigkeiten im Alltag entgegen zu wirken. Um das Training abwechslungsreich zu gestalten und eine Trainingskontinuität des Kunden zu gewährleisten wird ein Wechsel zwischen Laufband und Fahrrad angestrebt. So wird das Risiko für eine einseitige Überlastung zum Beispiel die Überlastung des Sprunggelenks durch Dauerläufe auf dem Laufband bei erhöhtem Trainingspensum verringert.

4   Teilaufgabe 4 – Literaturrecherche

Effekte des Ausdauertrainings bei arterieller Hypertonie

Tab.7: Erste Literaturrecherche (Vlatsas, Stergios, 2015)

Titel	Kardiovaskuläre Effekte eines aeroben versus ein isometrisches Training bei arterieller Hypertonie
Wer hat die Studie durchgeführt?	Vlatsas, Stergios
In welchem Jahr wurde die Studie publiziert?	2015
Mit welchen Versuchspersonen wurde die Studie durchgeführt?	Die Studie wurde mit 70 Patienten durchgeführt. Vorraussetzung für die Teilnehmer war entweder eine medikamentöse Behandlung aufgrund von arterieller Hypertonie oder einem Blutdruck von ≥ 140/90 mmHg ohne medikamentöse Therapie.
Wie sah der Versuchsaufbau der Studie aus?	Die Versuchspersonen wurden in drei Gruppen randomisiert. Die erste Gruppe bestand aus 25 Patienten, die schon seit 12 Wochen 5 Mal pro Woche isometrisches Training mit 30 % der Maximalkraft betreiben. In der zweiten Gruppe (Placebo) waren 23 Patienten, die dasselbe isometrische Training ausführten, jedoch mit 5 % ihrer Maximalkraft. In der dritten Gruppe waren 22 Patienten, die 5 Mal pro Woche 30-45 Minuten lang ein aerobes Ausdauertraining absolvierten. In allen 3 Gruppen erfolgte während der Studie keine Intervention oder Veränderung.
Welche relevanten Ergebnisse und Schlussfolgerungen lieferte die Studie?	Nach 12 Wochen führte das aerobe Training zu einer signifikanten Senkung sowohl des systolischen Wertes als auch des diastolischen Wertes (systolisch von 129,1 auf 122,7 und diastolisch von 79,5 auf 76,7). Isometrisches Training hingegen bewirkte hingegen kaum eine Veränderung des Blutdrucks

Tab.8: Zweite Literaturrecherche

Titel	Auswirkungen von Ausdauer- vs. Krafttraining vs. der Kombination Ausdauer-/Krafttraining auf die systemische Hämodynamik, Gefäßelastizität sowie Herzfrequenzvariabilität bei Patienten mit arterieller Hypertonie
Wer hat die Studie durchgeführt?	Bickenbach, Anna Lena
In welchem Jahr wurde die Studie publiziert?	2012

Mit welchen Versuchspersonen wurde die Studie durchgeführt?	Es wurden 55 Probanden, darunter 13 Frauen und 42 Männer, durch eine Anzeige in der Tageszeitung rekrutiert. Einschlusskriterium für die Teilnahme an der Studie war die Indikation einer arteriellen Hypertonie Grad I, evaluiert anhand einer 24h-Blutdruckmessung.
Wie sah der Versuchsaufbau der Studie aus?	Die Probanden mussten sich vor und nach den zwölf Trainingswochen einer Leistungsdiagnostik unterziehen. Anschließend wurden sie willkürlich einer der vier Gruppen unterteilt: 1) Ausdauertrainingsgruppe (ATG) 2) Krafttrainingsgruppe (KTG) 3) Ausdauer- und Krafttrainingsgruppe (AKTG) 4) Kontrollgruppe (KG) Die Probanden wurden aufgefordert, während der 12 Wochen ihr Ess-, Rauch-, und Trinkverhalten nicht umzustellen und möglichst konstant zu halten. Alle Gruppen außer die Kontrollgruppe fingen mit ihrem Sportpogramm an.
Welche relevanten Ergebnisse und Schlussfolgerungen lieferte die Studie?	Nach 12 Wochen wurden die Ergebnisse ausgewertet. In drei Trainingsgruppen verringert sich der systolische Blutdruck signifikant. Bei der ATG sank der Wert um 3,30 mmHg, bei der KTG um 4,90 mmHg und bei der AKTG um 5,80 mmHg. Bei der KG stieg der Wert um 1,10 mmHg. Der diastolische Wert sank in allen 4 Gruppen. Bei der ATG um 4,00 mmHg, bei der KTG um 4,20 mmHg, bei der AKTG um 4,40 mmHg und bei der KG um 1,20 mmHg. Allgemein verdeutlicht die Studie den kardioprotektiven Effekt von Bewegung und Sport.

5   Literaturverzeichnis

Martin, D. „. (1993). *Handbuch Trainingslehre (2.Auflage)*. Schorndorf: Hofmann.

Eisenhut, A. &. (2013). *Ausdauertraining. Grundlagen. Methoden. Trainingssteuerung.* München: BVL Buchverlag GmbH.

Neumann, G. P. (2007). *Optimiertes Ausdauertraining (5.Überarb. Aufl.).* Aachen: Meyer & Meyer.

Hottenrot, K. (2006). *Trainingskontrolle mit Herzfrequenz-Messgeräten.* Aachen: Meyer & Meyer.

Institut für Prävention und Nachsorge (IPN). (2004). IPN-Test- Ausdauertest für den Fitness-und Gesundheitssport. Köln: Institut für Prävention und Nachsorge.

Müller-Gesser, D. (24. Februar 2017). Wie viel Körperfett ist normal? *Apotheken Umschau.*

Neumann, G. P. (2007). *Optimiertes Ausdauertraining (5.Überarb. Aufl.).* Aachen: Meyer & Meyer.

Zintl, F. &. (2001). *Ausdauertraining. Grundlagen-Methoden-Trainingssteuerung (5.Auflage).* München: BVL Sportwissen.

https://refubium.fu-berlin.de/bitstream/handle/fub188/1246/diss_s.vlatsas.pdf?sequence=1&isAllowed=y aufgerufen: 25.06.2020, 21:28

https://www.bisp-surf.de/Record/PU201208005749/Reference   aufgerufen.25.06.2020 21:51

6 Abbildungs- und Tabellenverzeichnis

6.1 Abbildungsverzeichnis

6.2 Tabellenverzeichnis

BEI GRIN MACHT SICH IHR WISSEN BEZAHLT

- Wir veröffentlichen Ihre Hausarbeit,
  Bachelor- und Masterarbeit

- Ihr eigenes eBook und Buch -
  weltweit in allen wichtigen Shops

- Verdienen Sie an jedem Verkauf

Jetzt bei www.GRIN.com hochladen und kostenlos publizieren